Impressum
Verlag: BABADADA GmbH, Nedderfeld 112 , 22529 Hamburg
Geschäftsführer / Verlagsleitung: Harald Hof
Druck: Books on Demand GmbH, In de Tarpen 42, 22848 Norderstedt

Imprint
Publisher: BABADADA GmbH, Nedderfeld 112 , 22529 Hamburg, Germany
Managing Director / Publishing direction: Harald Hof
Print: Books on Demand GmbH, In de Tarpen 42, 22848 Norderstedt, Germany

学校
escola

教室
sala de aulas

除
dividir

186/2

黑板
quadro

校园
pátio da escola

老师
professor

纸
papel

书写
escrever

钢笔
caneta

办公桌
secretária

直尺
régua

书
livro

学生
aluno

书包
mochila

铅笔盒
estojo de lápis

铅笔
lápis

卷笔刀
afia-lápis

橡皮擦
borracha

画板
bloco de desenho

图画

desenho

画笔

pincel

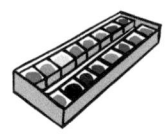

颜料盒

caixa de tintas

剪刀

tesoura

胶水

cola

练习册

livro de exercícios

家庭作业

trabalhos de casa

12

数字

número

2+2

加

somar

5-2

减

subtrair

2×2

乘

multiplicar

计算

calcular

A

字母

letra

ABCDEFG HIJKLMN OPQRSTU VWXYZ

字母表

alfabeto

hello

字

palavra

课文

texto

读

ler

粉笔

giz

上课

hora

登记

registo de presenças

考试

exame

证书

certificado

校服

uniforme escolar

教育

educação

百科全书

enciclopédia

大学

universidade

显微镜

microscópio

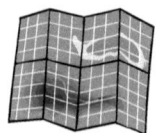

地图

mapa

废纸筐

cesto de lixo

旅行
viagem

酒店
hotel
Grand
青年旅社
hostel
ROOMS
EXCHANGE
外币兑换处
casa de câmbio
手提箱
mala
汽车
carro

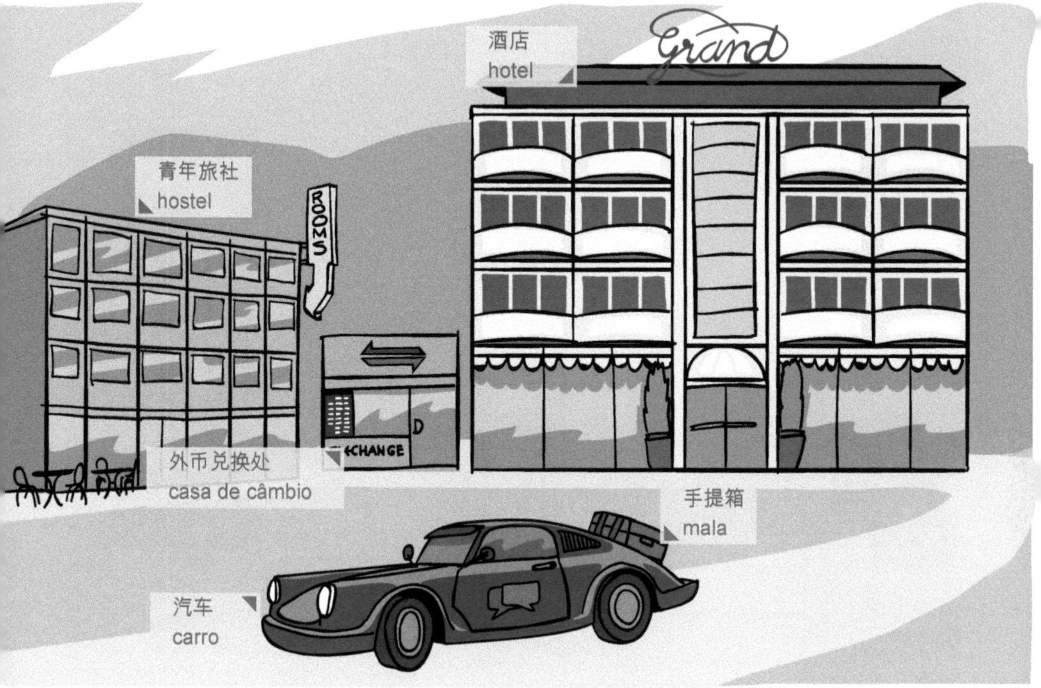

语言

idioma

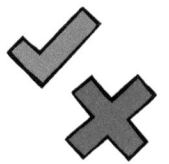

是/否

sim / não

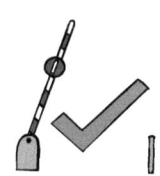

好的

ok / certo / correto

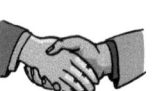

您好

olá

翻译员

intérprete

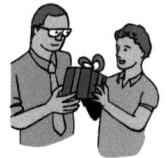

谢谢

obrigado

……多少钱？

quanto é que custa... ?

我不明白

não entendo

问题

problema

晚上好！

boa noite!

早上好！

Bom dia!

晚安！

Boa noite!

再见

adeus

方向

direção

行李

bagagem

包

saco

双肩包

mochila

客人

convidado

房间

quarto

睡袋

saco-cama

帐篷

tenda

旅游信息

informação turística

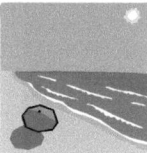

海滩

praia

信用卡

cartão de crédito

早餐

pequeno-almoço

午餐

almoço

晚餐

jantar

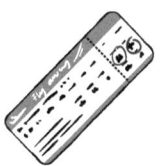

票

bilhete

电梯

elevador

邮票

selo postal

边界

fronteira

海关

alfândega

大使馆

embaixada

签证

visto

护照

passaporte

交通运输
transporte

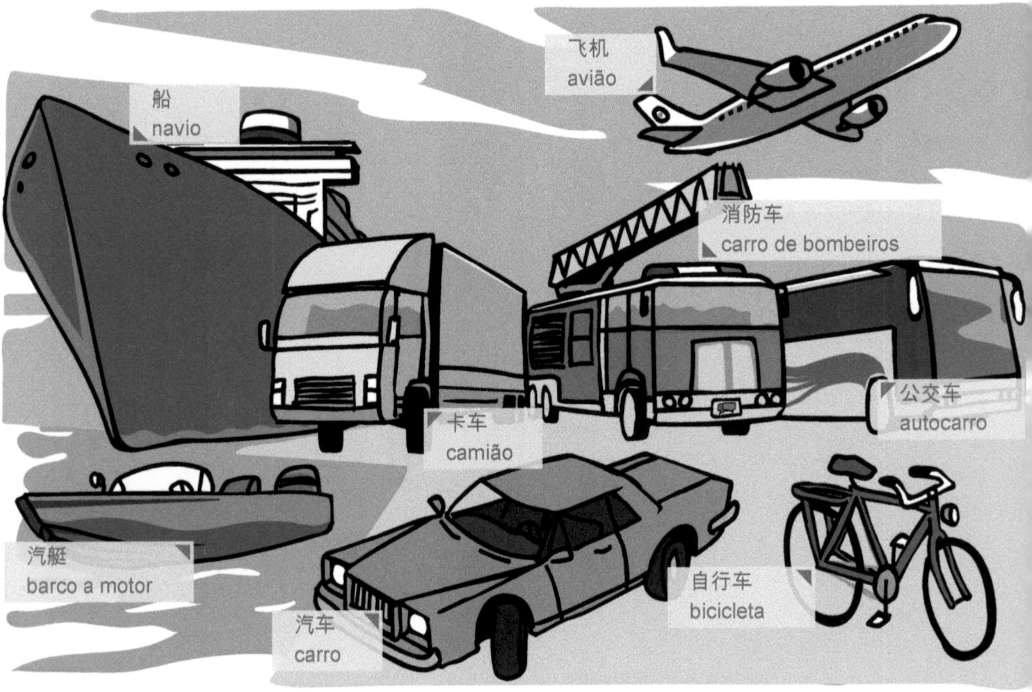
飞机
avião
船
navio
消防车
carro de bombeiros
公交车
autocarro
卡车
camião
汽艇
barco a motor
自行车
bicicleta
汽车
carro

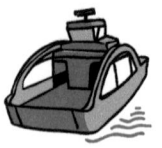

摆渡船

cacilheiro

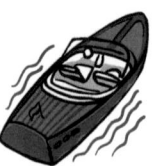

小船

barco

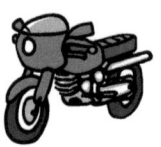

摩托车

mota

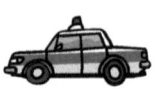

警车

carro de polícia

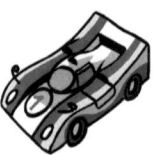

赛车

carro de corrida

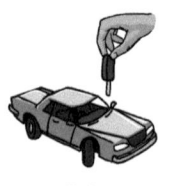

租车

carro alugado

拼车
carsharing

拖车
camião de reboque

垃圾车
camião do lixo

发动机
motor

汽油
combustível

加油站
estação de serviço

交通标志
sinal de trânsito

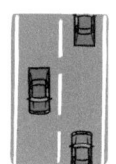

交通
trânsito

交通堵塞
congestionamento de
trânsito

停车场
parque de estacionamento

火车站
estação ferroviária

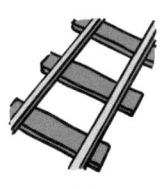

轨道
carris

火车
comboio

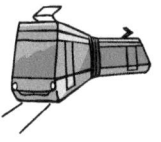

电车
elétrico

货车
carruagem

直升机

helicóptero

机场

aeroporto

塔

torre

乘客

passageiro

集装箱

contentor

纸板箱

caixa de papelão

手推车

carrinho

篮子

cesto

起飞/降落

levantar voo / aterrar

城市

cidade

村庄

aldeia

市中心

centro da cidade

房子

casa

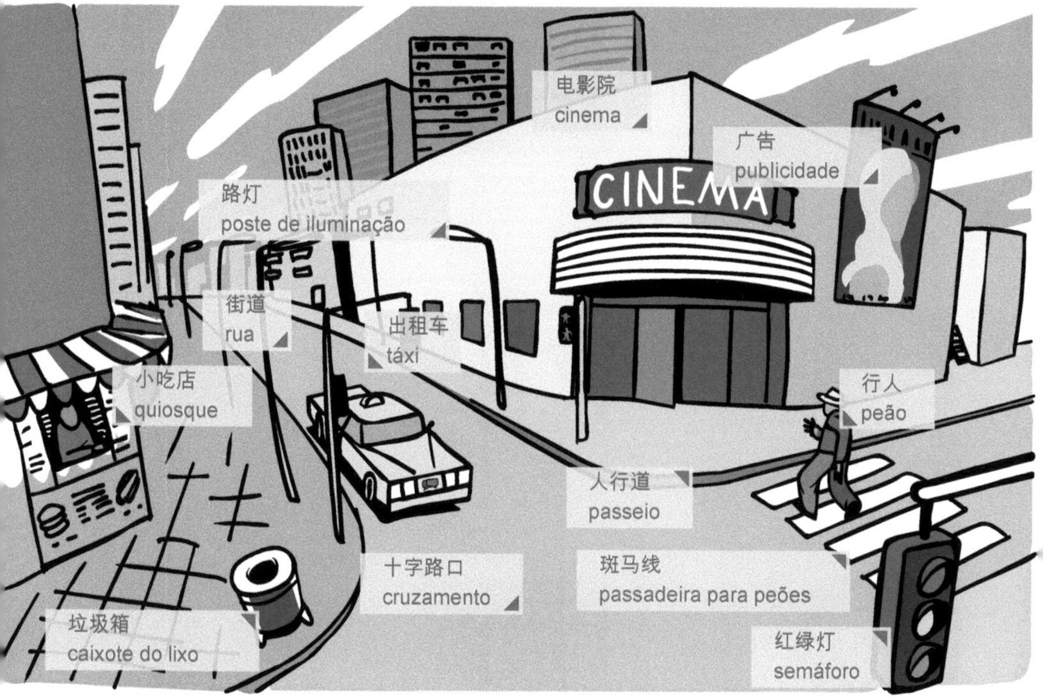

电影院
cinema

广告
publicidade

路灯
poste de iluminação

街道
rua

出租车
táxi

小吃店
quiosque

行人
peão

人行道
passeio

十字路口
cruzamento

斑马线
passadeira para peões

垃圾箱
caixote do lixo

红绿灯
semáforo

小屋
cabana

公寓
apartamento

火车站
estação ferroviária

市政厅
câmara municipal

博物馆
museu

学校
escola

大学

universidade

银行

banco

医院

hospital

酒店

hotel

药房

farmácia

办公室

escritório

书店

livraria

商店

loja

花店

florista

超市

supermercado

市场

mercado

百货商店

loja de departamentos

鱼店

peixaria

购物中心

centro comercial

海港

porto

公园

parque

长凳

banco

桥

ponte

楼梯

escadas

地铁

metro

隧道

túnel

公交车站

paragem de autocarro

酒吧

bar

餐馆

restaurante

邮筒

caixa de correio

路标

sinal de trânsito

停车计时器

parquímetro

动物园

jardim zoológico

游泳馆

piscina

清真寺

mesquita

农场

quinta

污染

poluição

墓地

cemitério

教堂

igreja

操场

parque infantil

寺庙

templo

地形

paisagem

树叶
folha

指示牌
placa de sinalização

路
caminho

草地
prado

石头
pedra

树
árvore

徒步旅行者
caminhantes

河
rio

草
relva

花
flor

峡谷

vale

山

montanha

湖

lago

森林

floresta

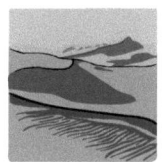

沙漠

deserto

火山

vulcão

城堡

castelo

彩虹

arco-íris

蘑菇

cogumelo

棕榈树

palma

蚊子

mosquito

苍蝇

mosca

蚂蚁

formiga

蜜蜂

abelha

蜘蛛

aranha

甲虫

besouro

青蛙

sapo

松鼠

esquilo

刺猬

ouriço

野兔

lebre

猫头鹰

coruja

鸟

pássaro

天鹅

cisne

野猪

javali

鹿

veado

麋鹿

alce

水坝

barragem

风力发电机

turbina eólica

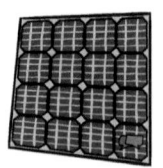

太阳能电池板

painel solar

气候

clima

餐馆

restaurante

服务员
empregado de mesa
菜单
menu
椅子
cadeira
汤
sopa
披萨饼
pizza
餐具
talheres
桌布
toalha de mesa

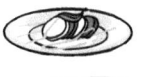

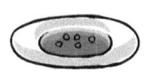

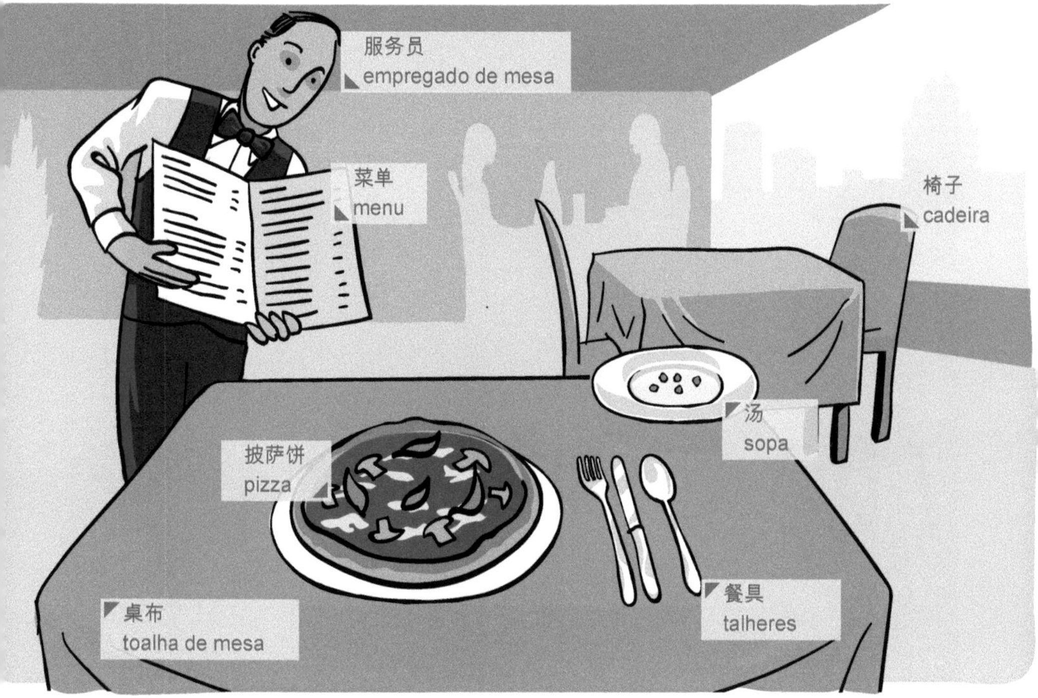

前菜

entrada

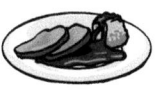

主菜

prato principal

甜点

sobremesa

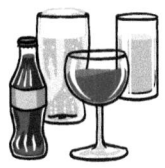

饮料

bebidas

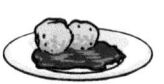

食物

comida

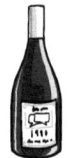

瓶子

garrafa

快餐
fast food

街边小吃
comida de rua

茶壶
bule de chá

糖盒
açucareiro

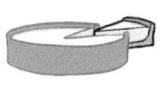

一份饭菜
porção

意式咖啡机
máquina de café expresso

高脚椅
cadeira alta

账单
conta

托盘
bandeja

刀
faca

餐叉
garfo

勺子
colher

茶匙
colher de chá

餐巾
guardanapo

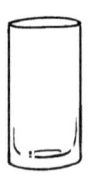

玻璃杯
copo

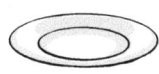

碟子
prato

汤盘
prato de sopa

碟子
pires

酱
molho

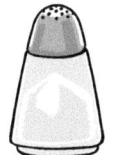

盐瓶
saleiro

胡椒磨
moinho de pimenta

醋
vinagre

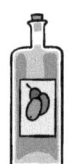

食用油
óleo

调味料
especiarias

番茄酱
ketchup

芥末
mostarda

蛋黄酱
maionese

超市

supermercado

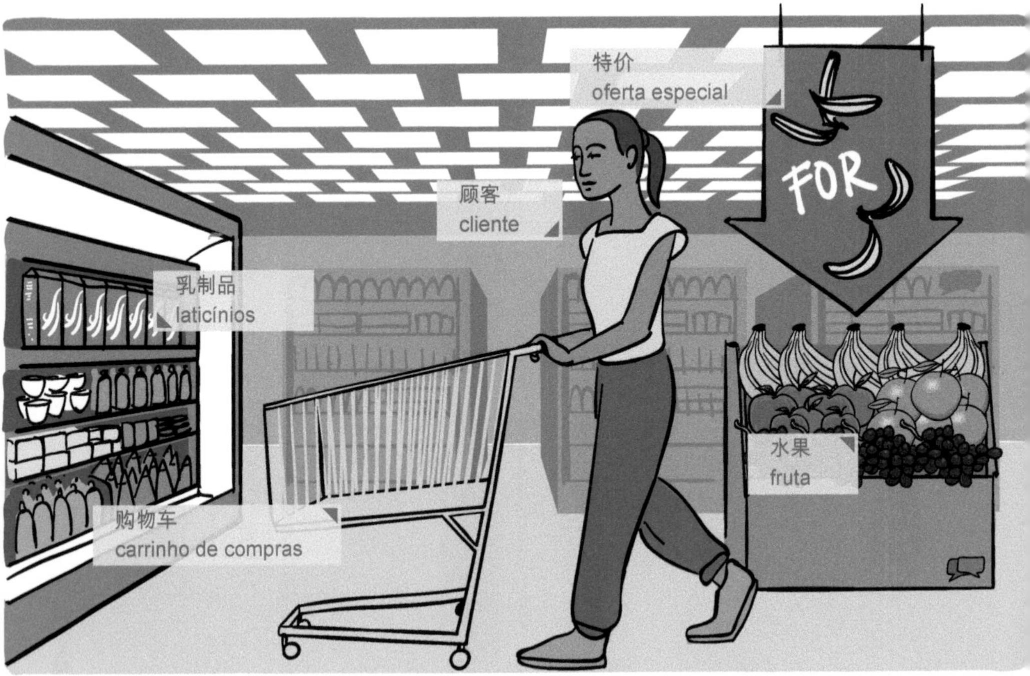

特价
oferta especial
FOR
顾客
cliente
乳制品
laticínios
水果
fruta
购物车
carrinho de compras

BUTCHERS

肉铺

talho

BAKERY

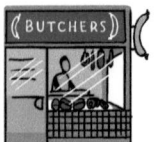

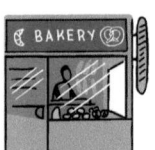

面包房

padaria

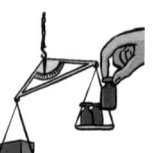

称重

pesar

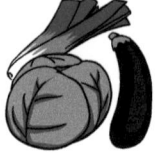

蔬菜

vegetais

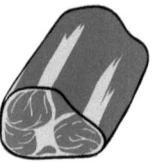

肉

carne

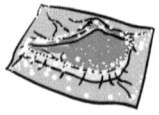

冷冻食品

alimentos congelados

冷盘
charcutaria

罐头食品
comida enlatada

洗衣粉
detergente em pó

甜食
doces

日用品
artigos domésticos

清洁用品
produtos de limpeza

销售员
vendedora

收银机
caixa

收银员
caixa

购物清单
lista de compras

开放时间
horário de funcionamento

钱包
carteira

信用卡
cartão de crédito

袋子
saco

塑料袋
saco de plástico

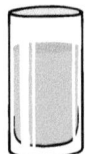

水
água

果汁
sumo

牛奶
leite

可乐
coca-cola

红酒
vinho

啤酒
cerveja

酒
álcool

可可
cacau

茶
chá

咖啡
café

意式浓缩咖啡
café expresso

卡布奇诺
capuccino

香蕉

banana

苹果

maçã

橙子

laranja

西瓜

melão

柠檬

limão

胡萝卜

cenoura

大蒜

alho

竹子

bambu

洋葱

cebola

蘑菇

cogumelo

坚果

nozes

面条

talharim

意大利面条

esparguete

米饭

arroz

沙拉

salada

薯条

batatas fritas

炸土豆

batatas fritas

披萨饼

pizza

汉堡包

hambúrguer

三明治

sanduíche

炸猪排

bife panado

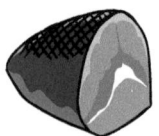

火腿

fiambre

萨拉米

salame

香肠

salsicha

鸡肉

galinha

烤肉

assado

鱼

peixe

燕麦片

flocos de aveia

穆兹利

muesli

玉米片

flocos de milho

面粉

farinha

羊角面包

croissant

面包卷

carcaça (pãozinho)

面包

pão

烤面包

torrada

饼干

biscoitos

黄油

manteiga

凝乳

requeijão

蛋糕

bolo

蛋

ovo

煎蛋

ovo estrelado

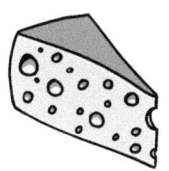

奶酪

queijo

冰激凌

gelado

糖

açúcar

蜂蜜

mel

果酱

compota

巧克力酱

creme de nougat

咖喱饭

caril

食物 - comida

农场
quinta

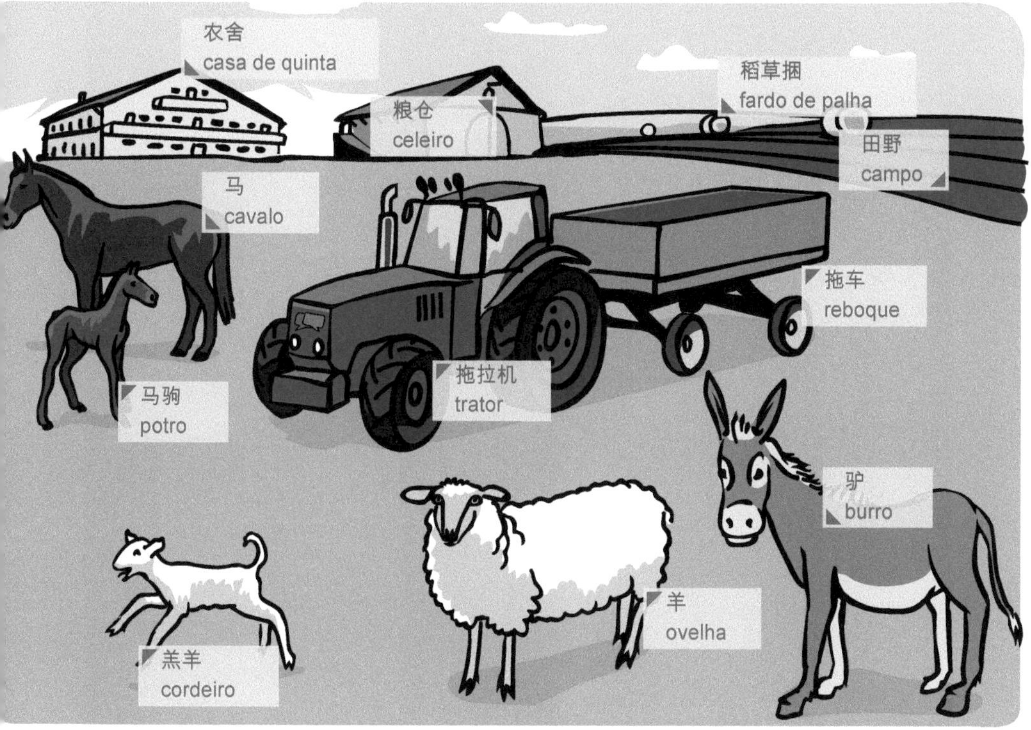
农舍
casa de quinta
粮仓
celeiro
稻草捆
fardo de palha
田野
campo
马
cavalo
拖车
reboque
马驹
potro
拖拉机
trator
驴
burro
羊
ovelha
羔羊
cordeiro

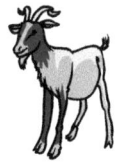

山羊
cabra

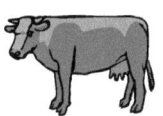

奶牛
vaca

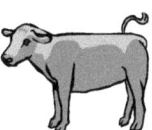

牛犊
bezerro

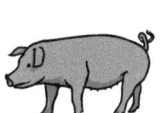

猪
porco

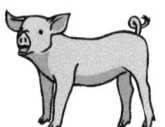

小猪
leitão

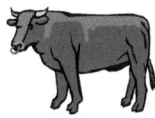

公牛
touro

鹅

ganso

鸭

pato

小鸡

pintaínho

母鸡

galinha

公鸡

galo

鼠

ratazana

猫

gato

老鼠

rato

牛

boi

狗

cão

狗屋

casota

花园浇水软管

mangueira de jardim

洒水壶

regador

长柄大镰刀

foice

犁

arado

镰刀

foice

锄头

enxada

长柄草耙

forquilha

斧头

machado

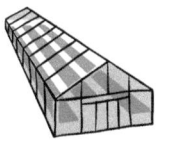

独轮手推车

carrinho de mão

饲料槽

manjedoura

牛奶罐

jarro de leite

麻布袋

saco

栅栏

cerca

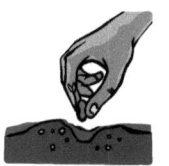

马厩

estábulo

温室

estufa

土壤

solo

种子

semente

肥料

fertilizante

联合收割机

ceifeira-debulhadora

农场 - quinta

收割

colher

收割

colheita

山药

inhame

小麦

trigo

大豆

soja

土豆

batata

玉米

milho

油菜籽

colza

果树

árvore de fruto

树薯

mandioca

谷物

cereais

房子
casa

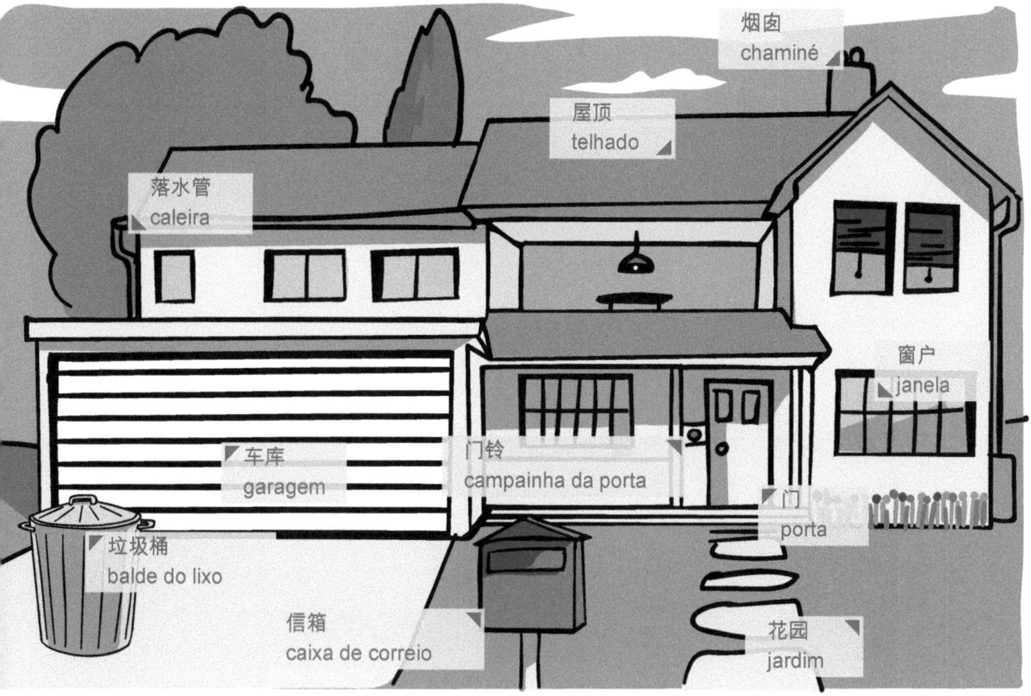

烟囱
chaminé
屋顶
telhado
落水管
caleira
窗户
janela
车库
garagem
门铃
campainha da porta
门
porta
垃圾桶
balde do lixo
信箱
caixa de correio
花园
jardim

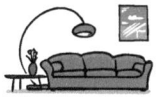

客厅
sala de estar

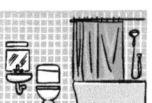

浴室
casa de banho

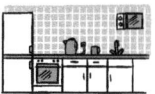

厨房
cozinha

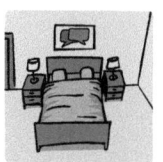

卧室
quarto de dormir

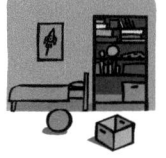

儿童房
quarto de criança

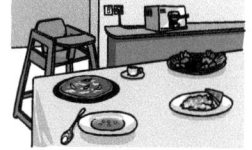

餐厅
sala de jantar

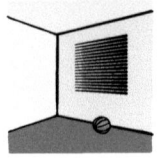

地板

chão

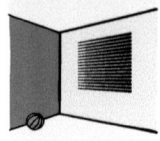

墙壁

parede

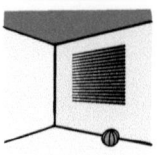

吊顶

teto

地窖

cave

桑拿

sauna

阳台

varanda

露台

terraço

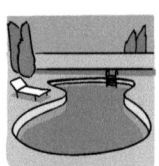

游泳池

piscina

割草机

máquina de cortar relvado

被单

lençol

床罩

cobertor

床

cama

扫帚

vassoura

水桶

balde

开关

interruptor

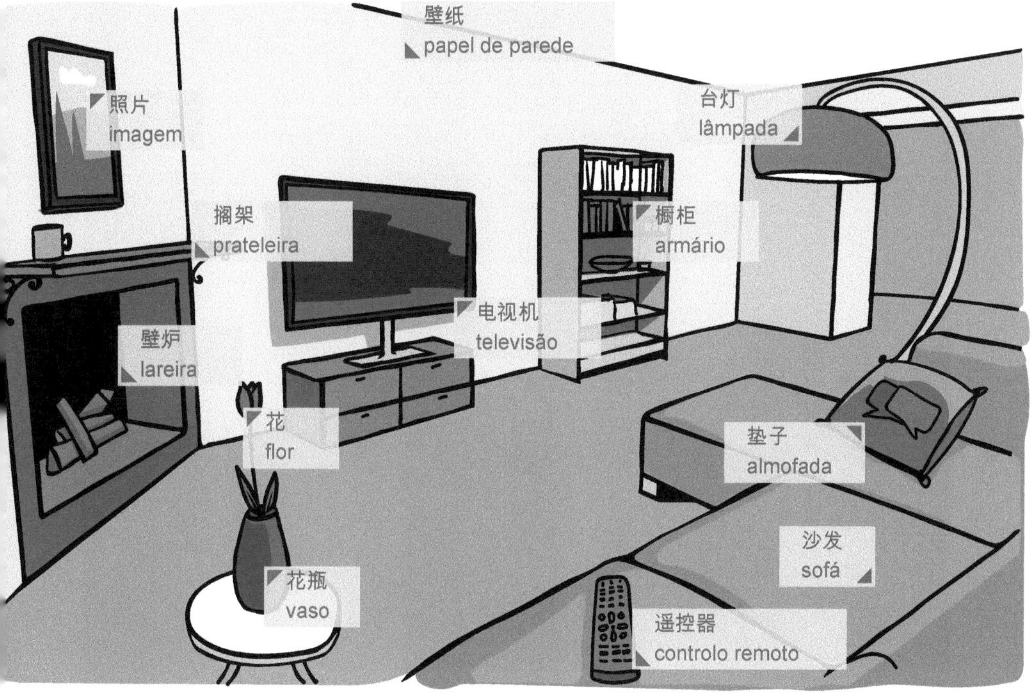

壁纸
papel de parede

照片
imagem

台灯
lâmpada

搁架
prateleira

橱柜
armário

电视机
televisão

壁炉
lareira

花
flor

垫子
almofada

沙发
sofá

花瓶
vaso

遥控器
controlo remoto

地毯

tapete

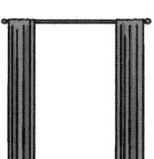

窗帘

cortina

餐桌

mesa

椅子

cadeira

摇椅

cadeira de baloiço

扶手椅

poltrona

书

livro

毯子

cobertor

装饰品

decoração

木柴

lenha

电影

filme

高保真音响

sistema estéreo

钥匙

chave

报纸

jornal

油画

pintura

海报

póster

收音机

rádio

笔记本

bloco de notas

吸尘器

aspirador

仙人掌

cato

蜡烛

vela

厨房
cozinha

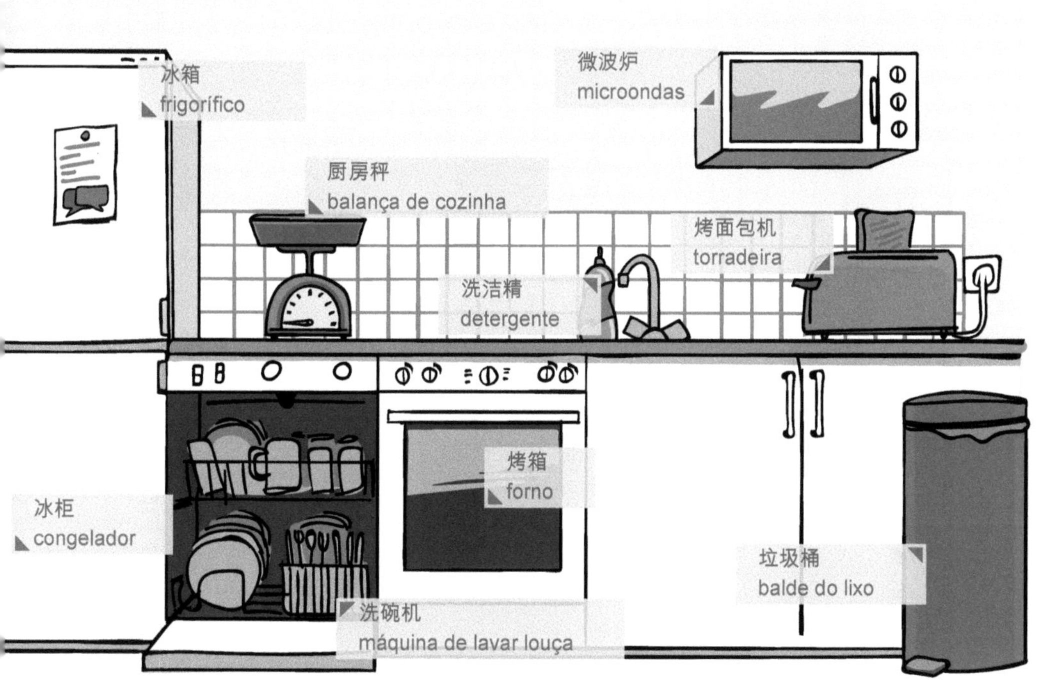
冰箱
frigorífico
微波炉
microondas
厨房秤
balança de cozinha
烤面包机
torradeira
洗洁精
detergente
烤箱
forno
冰柜
congelador
垃圾桶
balde do lixo
洗碗机
máquina de lavar louça

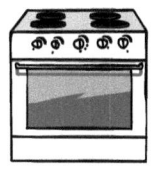

炊具
fogão

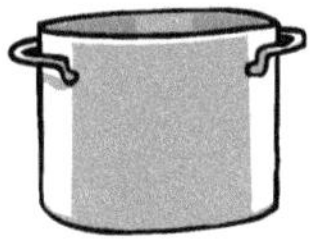
锅
panela

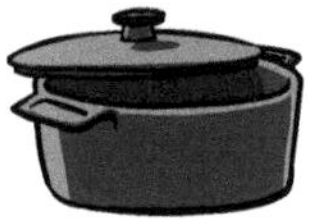
铸铁锅
panela de ferro

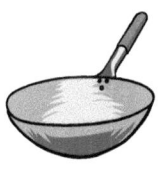

炒锅
wok / kadai

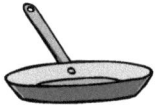

平底锅
frigideira

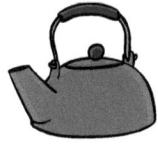

水壶
chaleira

蒸锅

panela a vapor

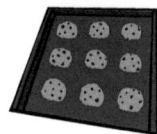

烤盘

tabuleiro de forno

陶瓷锅

louça

马克杯

caneca

碗

tigela

筷子

pauzinhos

长柄勺

concha de sopa

铲子

espátula

搅拌器

batedor de claras

滤网

escorredor

筛子

peneira

磨碎机

ralador

研钵

almofariz

烧烤

churrasqueira

明火

lareira

菜板

tábua de cortar

擀面杖

rolo da massa

开瓶器

saca-rolhas

罐子

lata

开罐器

abridor de latas

隔热手套

luvas de forno

水槽

lava-loiça

刷子

escova

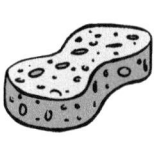

海绵

esponja

搅拌机

liquidificador

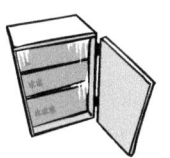

冷藏箱

arca frigorífica

奶瓶

biberão

水龙头

torneira

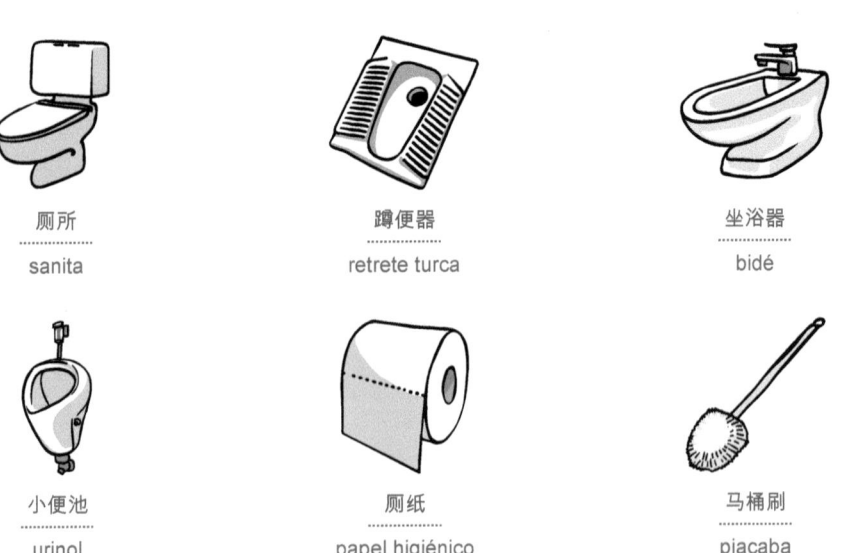

浴室

casa de banho

供暖设备
aquecimento
毛巾
toalha
淋浴
chuveiro
浴帘
cortina de chuveiro
泡沫浴
banho de espuma
浴缸
banheira
玻璃杯
copo
洗衣机
máquina de lavar roupa
瓷砖
azulejos
水龙头
torneira
便壶
penico
水槽
lava-loiça

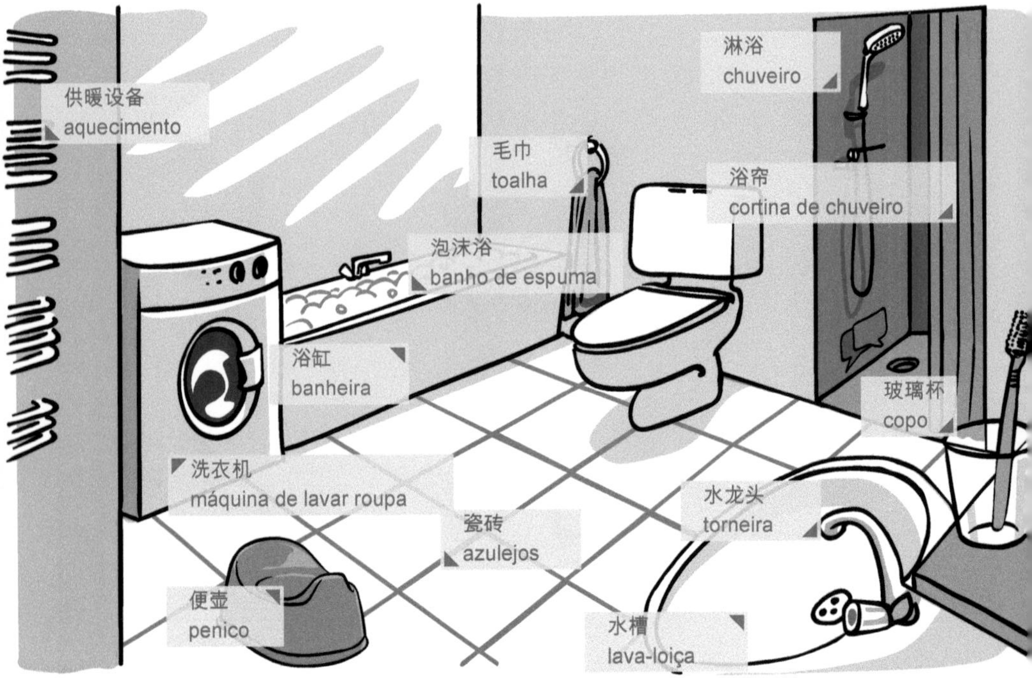

厕所

sanita

蹲便器

retrete turca

坐浴器

bidé

小便池

urinol

厕纸

papel higiénico

马桶刷

piaçaba

牙刷

escova de dentes

牙膏

pasta de dentes

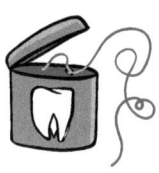

牙线

fio dentário

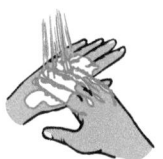

洗

lavar

手持式喷淋头

chuveiro de mão

冲洗器

duche íntimo

洗脸盆

bacia

擦背刷

escova para as costas

肥皂

sabonete

沐浴露

gel de banho

洗发水

champô

法兰绒

toalha de rosto

排水

escoamento

乳霜

creme

除臭剂

desodorizante

浴室 - casa de banho

镜子

espelho

手镜

espelho de mão

剃须刀

máquina de barbear

剃须泡沫

creme de barbear

须后水

loção pós-barba

梳子

pente

刷子

escova

吹风机

secador de cabelo

喷发定型剂

spray de cabelo

化妆品

maquilhagem

唇膏

batom

指甲油

verniz de unhas

化妆棉

algodão

指甲剪

tesoura para unhas

香水

perfume

洗漱包

nécessaire

凳子

tamborete

计重秤

balança

浴袍

roupão de banho

橡胶手套

luvas de borracha

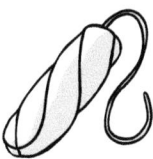

卫生棉条

tampão

卫生巾

penso higiénico

化学厕所

WC químico

儿童房
quarto de criança

闹钟
despertador
毛绒玩具
peluche
玩具车
carro de brincar
拨浪鼓
chocalho
玩具屋
casa de bonecas
礼物
presente

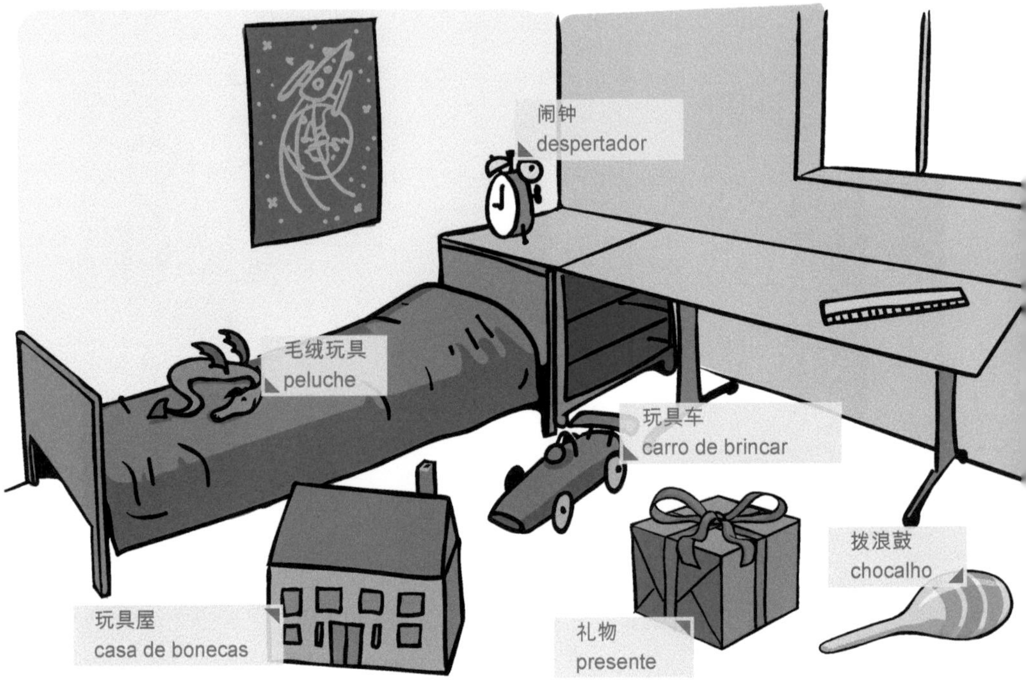

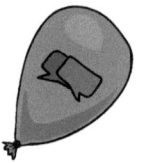

气球
balão

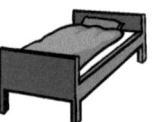

床
cama

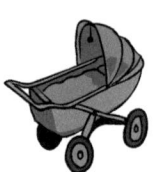

（洋娃娃用）婴儿车
carrinho de bebé

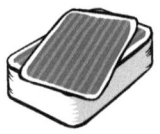

扑克牌
jogo de cartas

拼图
quebra-cabeças

SUPER
MEGA

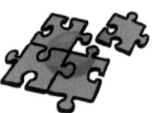

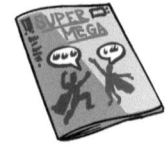

漫画
banda desenhada

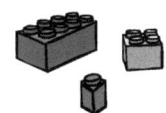

乐高积木

peças de Lego

积木玩具

blocos de construção

玩具人

figura de ação

婴儿服

fato de bebé

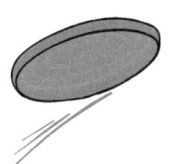

飞盘

Frisbee

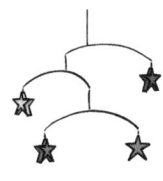

床铃玩具

móbile para bebé

棋盘游戏

jogo de tabuleiro

骰子

dados

火车模型

pista de comboio elétrico

安抚奶嘴

chupeta

聚会

festa

绘本

livro ilustrado

球

bola

洋娃娃

boneca

玩

jogar

沙坑

caixa de areia

秋千

baloiço

玩具

brinquedos

游戏机

consola de jogos

三轮车

triciclo

泰迪熊

ursinho de peluche

衣柜

guarda-roupa

衣服

vestuário

袜子

meias

长袜

meias pelo joelho

紧身裤

meias-calças

围巾
cachecol

雨伞
guarda-chuva

皮带
cinto

T恤
t-shirt

运动鞋
sapatilhas

靴子
botas

拖鞋
chinelos

凉鞋
sandálias

鞋
sapatos

雨靴
botas de borracha

内裤
cuecas

胸罩
sutiã

背心
camisola interior

衣服 - vestuário

45

身体

body

裤子

calças

牛仔裤

calças de ganga

短裙

saia

女式衬衫

blusa

衬衫

camisa

套头衫

pulôver

卫衣

camisola com capuz

西装夹克

blazer

夹克

casaco

外套

manto

雨衣

gabardina

套装

traje

连衣裙

vestido

婚纱

vestido de casamento

西装
fato

睡袍
camisa de dormir

睡衣
pijama

莎丽
sari

头巾
lenço de cabeça

包头巾
turbante

波卡
burca

卡夫坦
cafetã

(阿拉伯式)长袍
abaya

泳衣
fato de banho

男式泳裤
calções de banho

短裤
calções

运动服
fato de treino

围裙
avental

手套
luvas

纽扣
botão

眼镜
óculos

手链
pulseira

项链
colar

戒指
anel

耳环
brinco

便帽
boné

衣架
cabide

帽子
chapéu

领带
gravata

拉链
fecho de correr

头盔
capacete

背带
suspensórios

校服
uniforme escolar

制服
uniforme

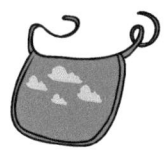

围兜

babete

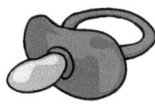

安抚奶嘴

chupeta

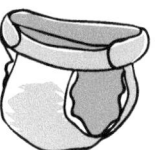

尿不湿

fralda

办公室
escritório

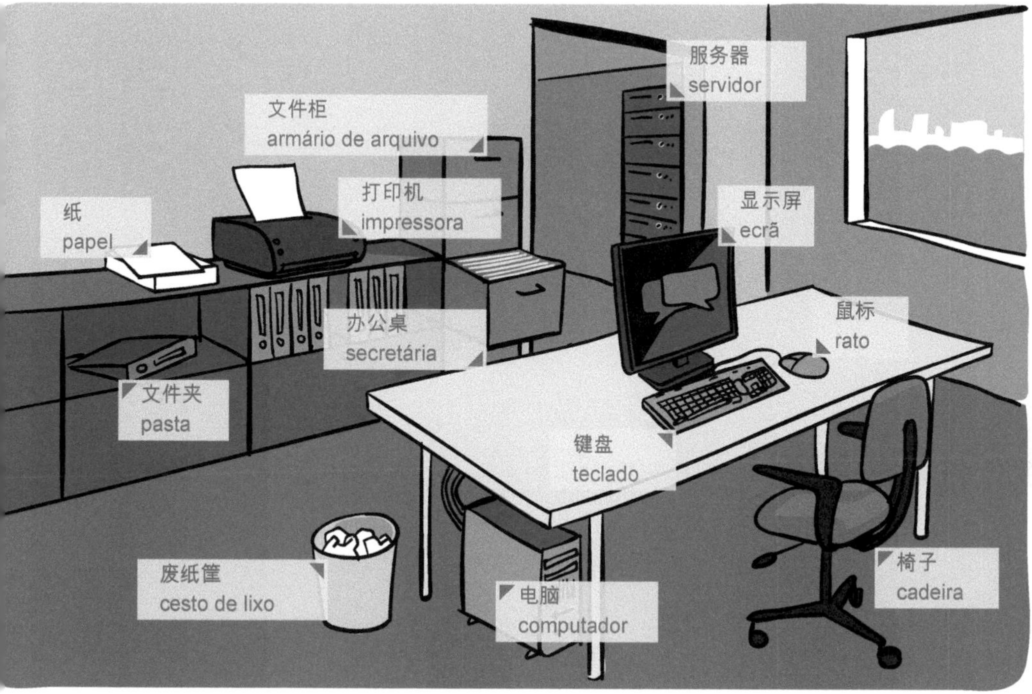
服务器
servidor
文件柜
armário de arquivo
打印机
impressora
纸
papel
显示屏
ecrã
鼠标
rato
办公桌
secretária
文件夹
pasta
键盘
teclado
废纸筐
cesto de lixo
电脑
computador
椅子
cadeira

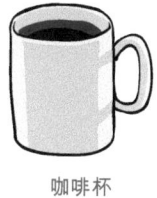

咖啡杯

caneca de café

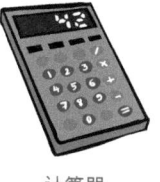

计算器

calculadora

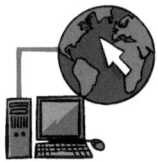

因特网

internet

笔记本电脑

computador portátil

信件

carta

消息

mensagem

手机

telemóvel

网络

rede

复印机

fotocopiadora

软件

software

电话

telefone

插座

tomada elétrica

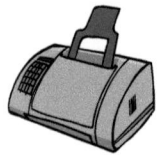

传真机

fax

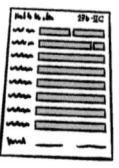

表格

formulário

文件

documento

agricultura

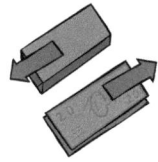

买
comprar

付钱
pagar

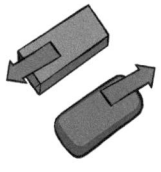

交易
negociar

现金
dinheiro

美元
dólar

欧元
euro

日元
yen

卢布
rublo

瑞士法郎
franco suíço

人民币
renminbi yuan

卢比
rupia

提款处
caixa de multibanco

外币兑换处

casa de câmbio

金

ouro

银

prata

石油

petróleo

能源

energia

价格

preço

合同

contrato

税金

imposto

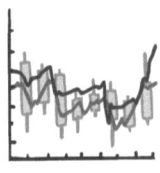

股票

ação

工作

trabalhar

职员

empregado

老板

entidade patronal

工厂

fábrica

商店

loja

警官
agente da polícia

消防员
bombeiro

厨师
cozinheiro

医生
médico

飞行员
piloto

园丁
jardineiro

木匠
carpinteiro

裁缝
costureira

法官
juiz

化学家
químico

演员
ator

公交车司机

motorista de autocarro

出租车司机

motorista de táxi

渔夫

pescador

清洁女工

empregada de limpeza

屋顶工

telhador

服务员

empregado de mesa

猎人

caçador

画家

pintor

面包师

padeiro

电工

eletricista

建筑工人

construtor

工程师

engenheiro

屠夫

talhante

水管工

canalizador

邮递员

carteiro

士兵

soldado

建筑师

arquiteto

收银员

caixa

花农

florista

理发师

cabeleireiro

售票员

controlador de bilhetes

机械师

mecânico

船长

capitão

牙医

dentista

科学家

cientista

拉比

rabino

伊玛目

imã

和尚

monge

牧师

pastor

工具

ferramentas

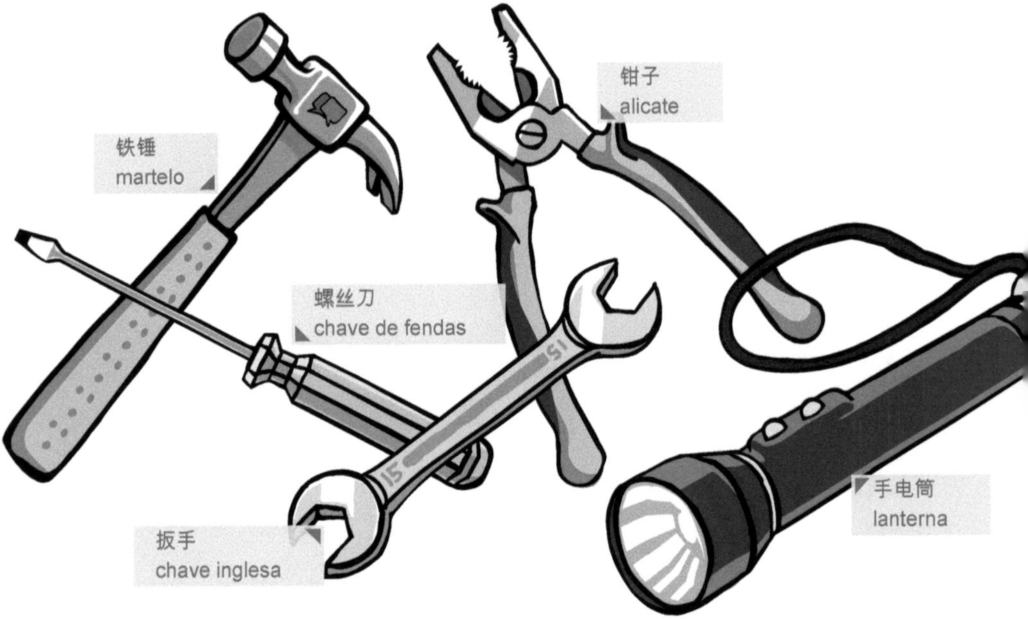

铁锤
martelo
钳子
alicate
螺丝刀
chave de fendas
手电筒
lanterna
扳手
chave inglesa

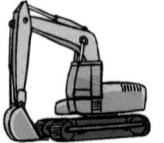

挖掘机

escavadora

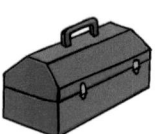

工具箱

caixa de ferramentas

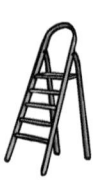

梯子

escadote

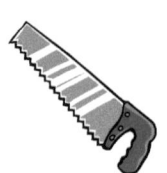

锯子

serra

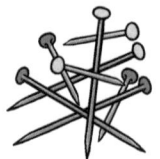

钉子

pregos

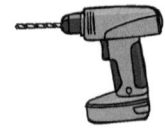

钻机

broca

修
reparar

铲子
pá

靠！
porcaria!

簸箕
pá de lixo

油漆桶
pote de tinta

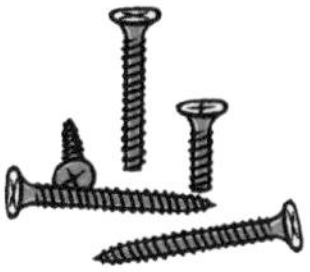

螺丝
parafusos

乐器
instrumentos musicais

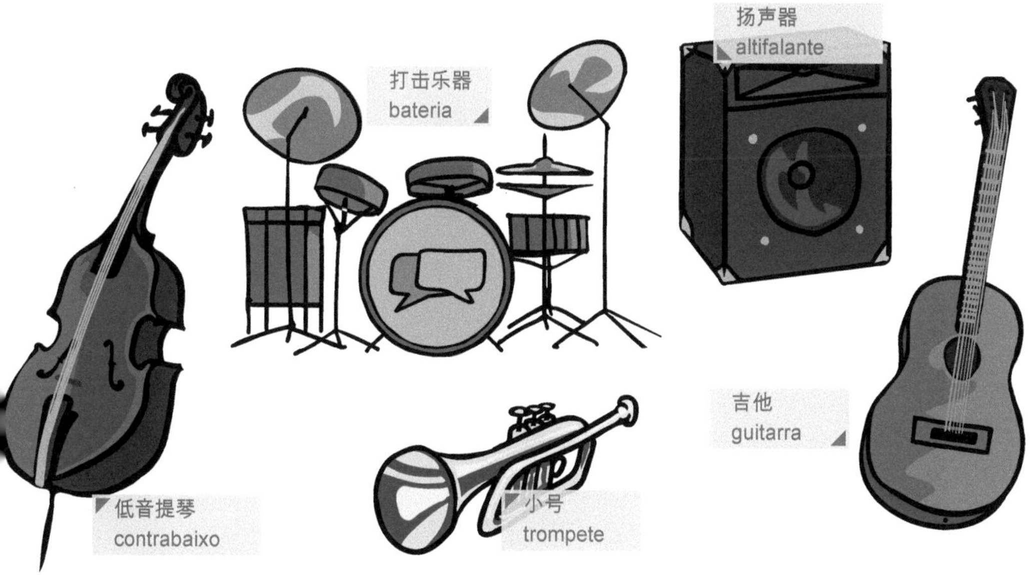

打击乐器
bateria

扬声器
altifalante

吉他
guitarra

低音提琴
contrabaixo

小号
trompete

钢琴

piano

小提琴

violino

贝斯

baixo

定音鼓

timbales

鼓

tambor

电子琴

teclado

萨克斯管

saxofone

长笛

flauta

麦克风

microfone

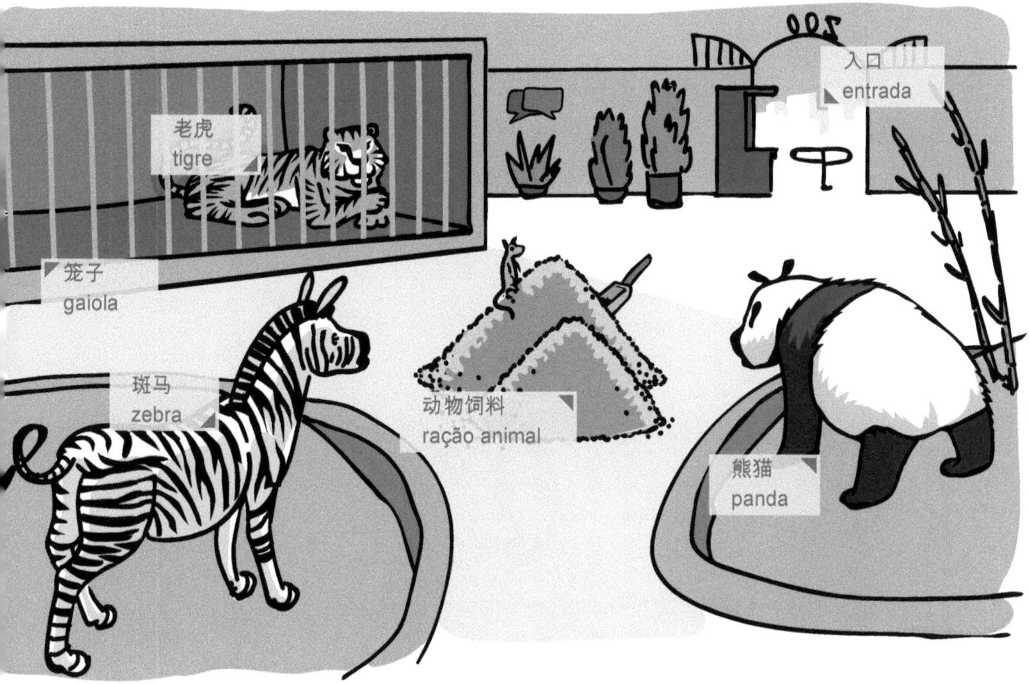

老虎
tigre

入口
entrada

笼子
gaiola

斑马
zebra

动物饲料
ração animal

熊猫
panda

动物

animais

大象

elefante

袋鼠

canguru

犀牛

rinoceronte

大猩猩

gorila

熊

urso

骆驼

camelo

蛇鸟

avestruz

狮子

leão

猴子

macaco

火烈鸟

flamingo

鹦鹉

papagaio

北极熊

urso polar

企鹅

pinguim

鲨鱼

tubarão

孔雀

pavão

蛇

cobra

鳄鱼

crocodilo

动物园管理员

guarda do jardim zoológico

海豹

foca

美洲豹

jaguar

矮种马

pónei

豹

leopardo

河马

hipopótamo

长颈鹿

girafa

老鹰

águia

野猪

javali

鱼

peixe

龟

tartaruga

海象

morsa

狐狸

raposa

羚羊

gazela

动物园 - jardim zoológico

橄榄球
futebol americano

骑自行车
ciclismo

网球
ténis

篮球
basquetebol

游泳
nataçăo

拳击
boxe

冰球
hóquei no gelo

英式足球

futebol

羽毛球

badminton

田径

atletismo

手球

andebol

滑雪

esqui

马球

polo

跳
saltar

拥抱
abraçar

笑
rir

走路
andar

唱
cantar

祈祷
rezar

亲吻
beijar

做梦
sonhar

书写
escrever

画
desenhar

展示
mostrar

推
empurrar

给
dar

拿
tomar

有

ter

做

fazer

当

ser

站

ficar de pé

跑

correr

拉

puxar

扔

remessar

摔倒

cair

躺

deitar

等待

esperar

携带

carregar

坐

sentar

穿衣

vestir

睡觉

dormir

醒来

acordar

看
olhar para

哭
chorar

抚摸
acariciar

梳头
pentear

交谈
falar

明白
compreender

问
perguntar

听
ouvir

喝
beber

吃
comer

清理
arrumar

爱
amar

做饭
cozinhar

开车
conduzir

飞
voar

活动 - atividades

航行

velejar

计算

calcular

读

ler

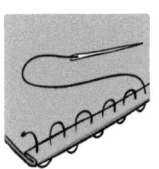

学习

aprender

工作

trabalhar

结婚

casar

缝

costurar

刷牙

escovar os dentes

杀

matar

抽烟

fumar

寄

enviar

família

祖母
avó

祖父
avô

父亲
pai

母亲
mãe

婴童
bebé

女儿
filha

儿子
filho

客人
convidado

阿姨
tia

叔叔
tio

兄弟
irmão

姐妹
irmã

身体

corpo

前额
testa
眼睛
olho
脸
cara
下巴
queixo
乳房
peito
手指
dedo
手
mão
手臂
braço
肩膀
ombro
腿
perna

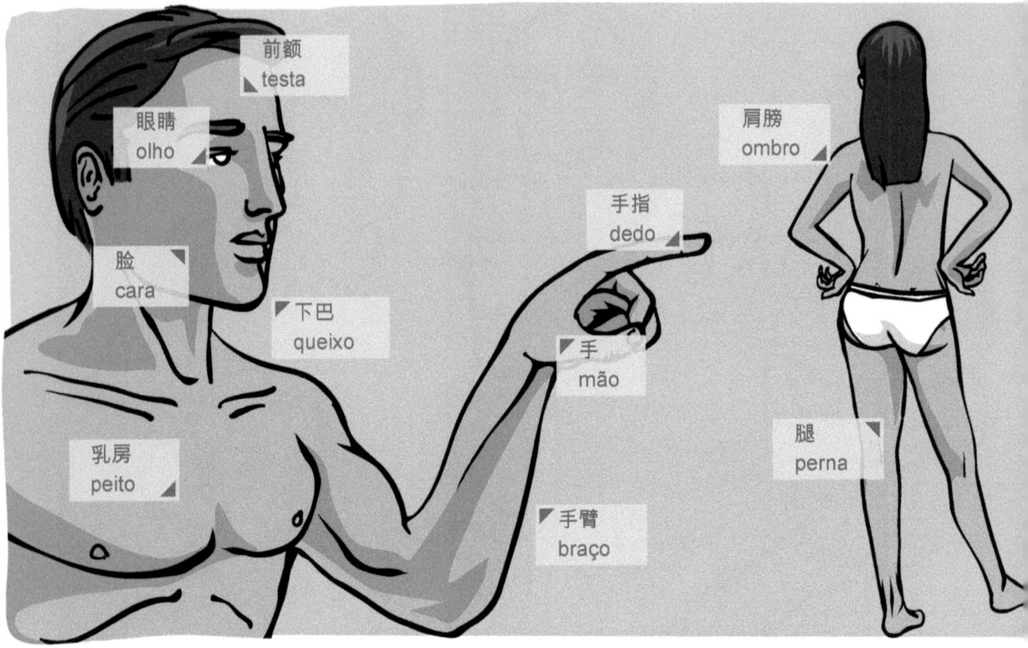

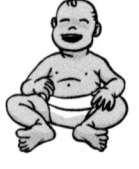

婴童
bebé

男人
homem

女人
mulher

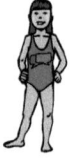

女孩
menina

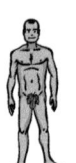

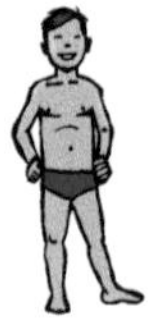

男孩
menino

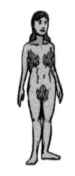

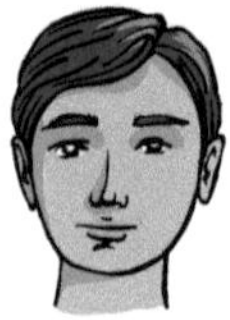

头
cabeça

背部

costas

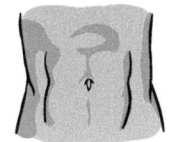

肚子

barriga

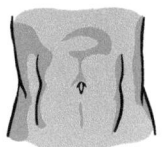

肚脐

umbigo

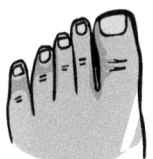

脚趾

dedo do pé

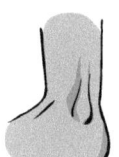

脚后跟

calcanhar

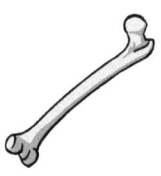

骨头

osso

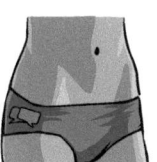

臀部

anca

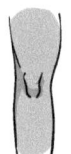

膝盖

joelho

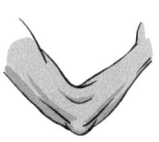

手肘

cotovelo

鼻子

nariz

屁股

nádegas

皮肤

pele

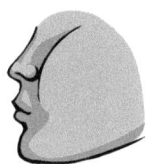

脸颊

bochecha

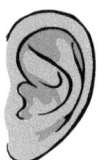

耳朵

orelha

嘴唇

lábio

嘴
boca

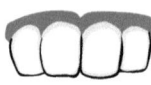

牙齿
dente

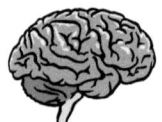

舌头
língua

脑
cérebro

心脏
coração

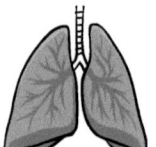

肌肉
músculo

肺
pulmão

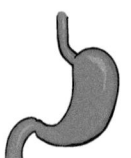

肝脏
fígado

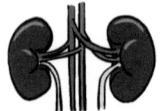

胃
estômago

肾脏
rins

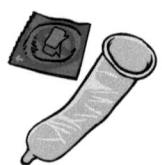

性交
relações sexuais

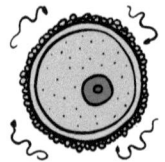

避孕套
preservativo

卵子
óvulo

精子
esperma

怀孕
gravidez

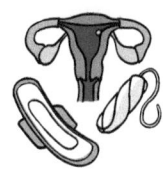

月经

menstruação

阴道

vagina

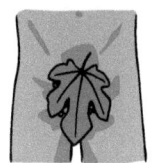

阴茎

pénis

眉毛

sobrancelha

头发

cabelo

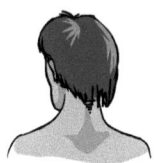

脖子

pescoço

身体 - corpo

医院
hospital

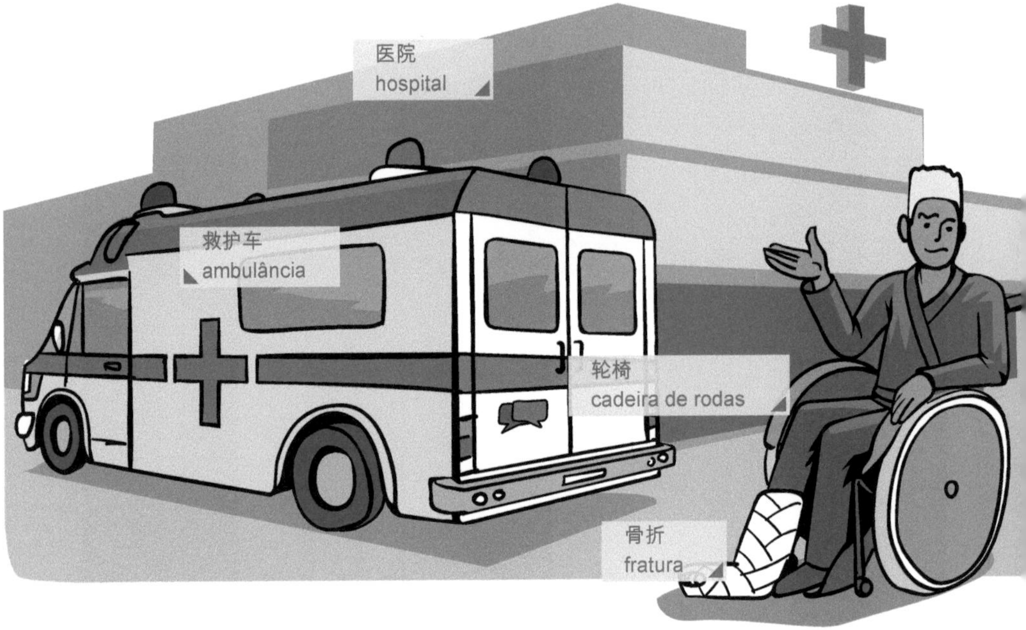

医院
hospital

救护车
ambulância

轮椅
cadeira de rodas

骨折
fratura

医生

médico

急诊室

serviço de urgências

护士

enfermeira

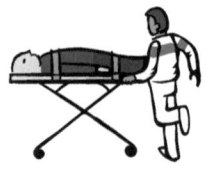

紧急情况

emergência

昏迷

inconsciente

痛

dor

受伤
ferimento

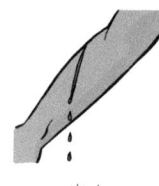

出血
hemorragia

心脏病发作
ataque cardíaco

中风
acidente vascular cerebral

过敏
alergia

咳嗽
tosse

发烧
febre

流感
gripe

腹泻
diarreia

头痛
dor de cabeça

癌症
cancro

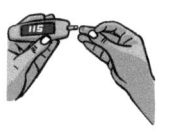

糖尿病
diabetes

外科医生
cirurgião

手术刀
bisturi

手术
operação

CT

CT

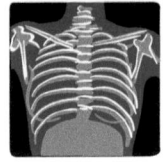

X光

raio x

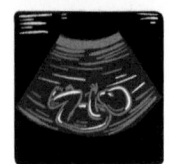

超声波

ultrassom

口罩

máscara

疾病

doença

候诊室

sala de espera

拐杖

muleta

石膏

penso rápido

绷带

ligadura

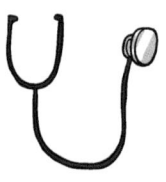

注射

injeção

听诊器

estetoscópio

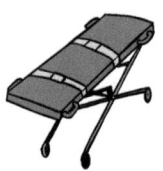

担架

maca

体温计

termómetro

出生

nascimento

超重

excesso de peso

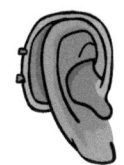

助听器

aparelho auditivo

消毒液

desinfetante

感染

infeção

病毒

vírus

艾滋病

HIV / SIDA

药物

medicamento

接种疫苗

vacinação

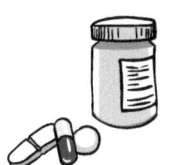

药片

comprimidos

药丸

pílula

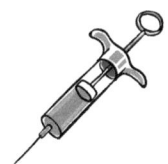

急救电话

chamada de emergência

血压计

dispositivo de medição de
pressão arterial

生病/健康

doente / saudável

救命！

Socorro!

警报

alarme

突击

assalto

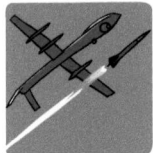

攻击

ataque

危险

perigo

紧急出口

saída de emergência

着火啦！

Fogo!

灭火器

extintor de incêndios

意外

acidente

急救箱

estojo de primeiros socorros

呼救信号

SOS

警察

polícia

欧洲

Europa

北美洲

América do Norte

南美洲

América do Sul

非洲

África

亚洲

Ásia

澳洲

Austrália

大西洋

Atlântico

太平洋

Pacífico

印度洋

Oceano Índico

南冰洋

Oceano Antártico

北冰洋

Oceano Ártico

北极

Polo Norte

南极

Polo Sul

南极洲

Antártica

地球

terra

陆地

país

海

mar

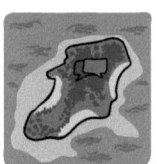

岛

ilha

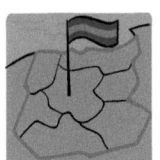

国家

nação

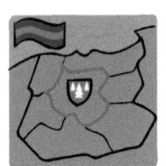

国家

estado

钟面

mostrador do relógio

时针

ponteiro das horas

分针

ponteiro dos minutos

秒针

ponteiro dos segundos

现在几点？

Que horas são?

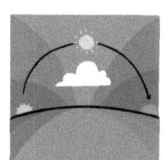

天

dia

时间

tempo

现在

agora

电子表

relógio digital

分

minuto

时

hora

周

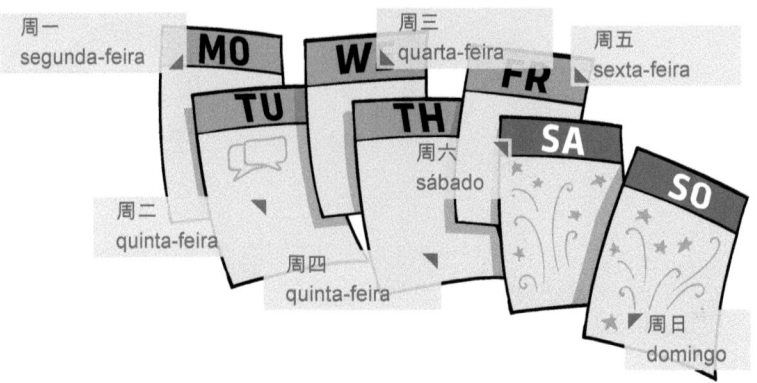

周一
segunda-feira

周三
quarta-feira

周五
sexta-feira

周二
quinta-feira

周四
quinta-feira

周六
sábado

周日
domingo

昨天
ontem

今天
hoje

明天
amanhã

早晨
manhã

中午
meio-dia

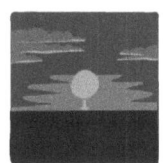

晚上
entardecer

MO	TU	WE	TH	FR	SA	SU
1	2	3	4	5	6	7
8	9	10	11	12	13	14
15	16	17	18	19	20	21
22	23	24	25	26	27	28
29	30	31	1	2	3	4

工作日
dias úteis

MO	TU	WE	TH	FR	SA	SU
1	2	3	4	5	6	7
8	9	10	11	12	13	14
15	16	17	18	19	20	21
22	23	24	25	26	27	28
29	30	31	1	2	3	4

周末
fim de semana

年

ano

雨
chuva
彩虹
arco-íris
风
vento
雪
neve
春
primavera
秋
outono
夏
verão
冬
inverno

4.APRIL 11°
5.APRIL 4°
6.APRIL 13°
7.APRIL 8°
8.APRIL 10°

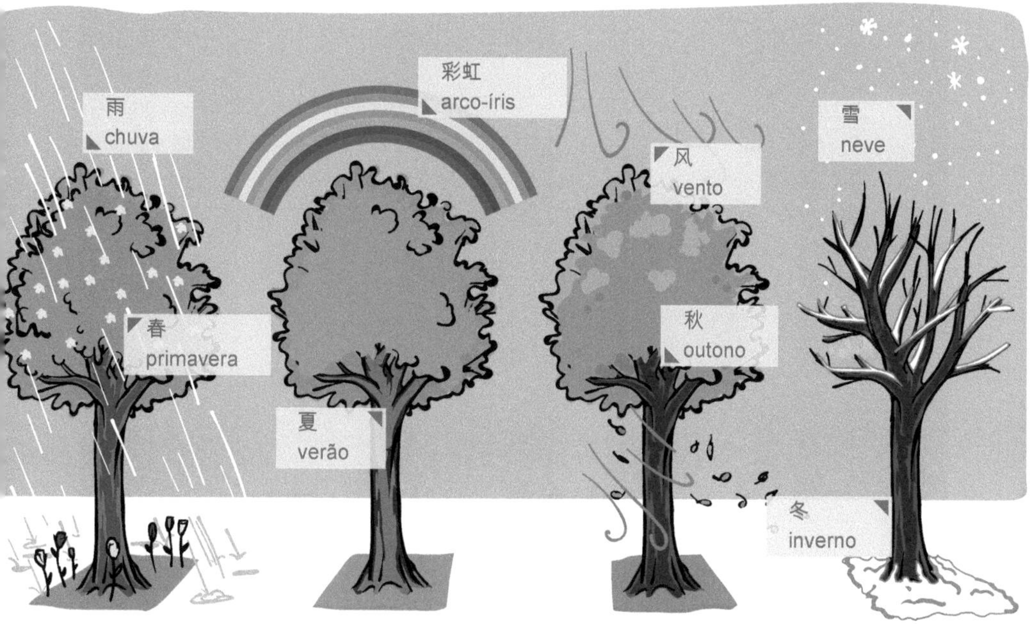

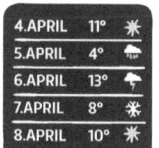

天气预报

previsão do tempo

F C
120 40
90 30
60 20
30 10
0 0
-30 -10
-20

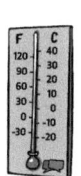

温度计

termómetro

阳光

raios de sol

云

nuvem

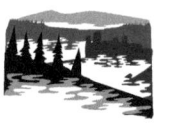

雾

neblina / nevoeiro

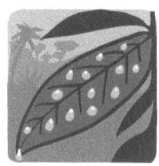

潮湿

humidade do ar

闪电

relâmpago

打雷

trovão

风暴

tempestade

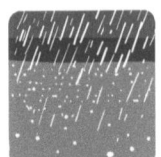

冰雹

granizo

季风

monção

洪水

inundação

冰

gelo

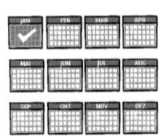

一月

janeiro

二月

fevereiro

三月

março

四月

abril

五月

maio

六月

junho

七月

julho

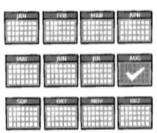

八月

agosto

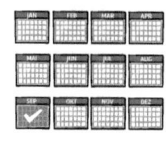

九月

setembro

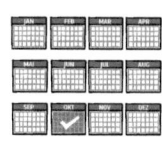

十月

outubro

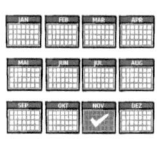

十一月

novembro

十二月

dezembro

形状
formas

圆形

círculo

正方形

quadrado

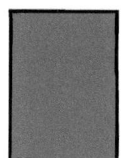

长方形

retângulo

三角形

triângulo

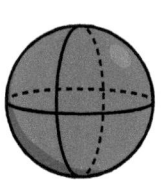

球体

esfera

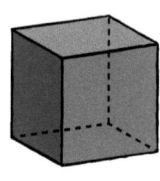

立方体

cubo

白
....
branco

黄
....
amarelo

橙
....
laranja

粉
....
rosa

红
....
vermelho

紫
....
lilás

蓝
....
azul

绿
....
verde

棕
....
castanho

灰
....
cinzento

黑
....
preto

很多/少许

muito / pouco

生气/平静

furioso / calmo

美/丑

lindo / feio

首/尾

princípio / fim

大/小

grande / pequeno

明/暗

claro / escuro

兄弟/姐妹

irmão / irmã

干净/肮脏

limpo / sujo

完整/缺失

completo / incompleto

白天/晚上

dia / noite

死/生

morto / vivo

宽/窄

largo / estreito

可食用/非食用

comestível / não comestível

邪恶/善良

mau / gentil

兴奋/无聊

entusiasmado / entediado

胖/瘦

gordo / magro

第一/最后

primeiro / último

朋友/敌人

amigo / inimigo

满/空

cheio / vazio

硬/软

duro / macio

重/轻

pesado / leve

饿/渴

fome / sede

生病/健康

doente / saudável

非法/合法

ilegal / legal

聪明/愚笨

inteligente / burro

左/右

esquerda / direita

近/远

perto / longe

新/旧

novo / usado

没有/有些

nada / algo

老/幼

velho / jovem

开/关

ligado / desligado

打开/合上

aberto / fechado

安静/吵闹

baixo / alto

富/穷

rico / pobre

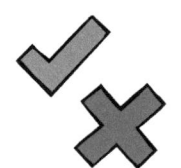

对/错

certo / errado

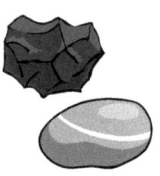

粗糙/光滑

áspero / liso

伤心/高兴

triste / feliz

短/长

curto / longo

慢/快

lento / rápido

湿/干

molhado / seco

温暖/凉爽

ameno / fresco

战争/和平

guerra / paz

0

零

zero

1

一

um

2

二

dois

3

三

três

4

四

quatro

5

五

cinco

6

六

seis

7

七

sete

8

八

oito

9

九

nove

10

十

dez

11

十一

onze

12

十二

doze

13

十三

treze

14

十四

catorze

15

十五

quinze

16

十六

dezasseis

17

十七

dezassete

18

十八

dezoito

19

十九

dezanove

20

二十

vinte

100

百

cem

1.000

千

mil

1.000.000

百万

milhão

语言

idiomas

英语

inglês

美式英语

inglês americano

普通话

chinês mandarim

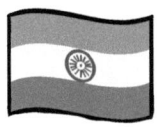

印地语

hindi

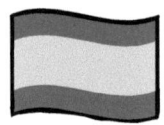

西班牙语

espanhol

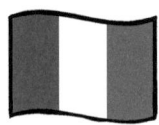

法语

francês

阿拉伯语

árabe

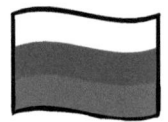

俄语

russo

葡萄牙语

português

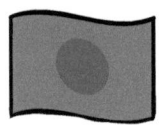

孟加拉语

bengalês

德语

alemão

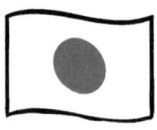

日语

japonês

我

eu

你

tu

他/她/它

ele / ela

我们

nós

你们

vós

他们

eles / elas

谁？

quem?

什么？

o quê?

怎样？

como?

哪里？

onde?

什么时候？

quando?

名字

nome

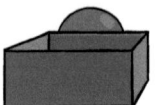

后面

atrás

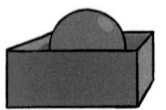

里面

em

前面

à frente de

上方

sobre

上面

em cima

下面

debaixo

旁边

ao lado

中间

entre

地点

lugar